Die Liebe ist langmütig, ist gütig; die Liebe neidet nicht ...

1. Korinther 13,4

CLV

1. Auflage 2024

Christliche Literatur Verbreitung e.V.
Ravensberger Bleiche 6 · 33649 Bielefeld
www.clv.de

Illustrationen: Sarah Schulz, Tuttlingen
Satz: CLV
Druck und Bindung: FINIDR

Artikel-Nr. 256562
ISBN 978-3-86699-562-8

FSC www.fsc.org
MIX
Papier | Fördert gute Waldnutzung
FSC® C014138

Guck mal,
das ist Leo.

Leo findet Emma doof.

Er mag es nicht,
wenn Mama Emma
zu trinken gibt.
Das dauert so lange,
und dann hat Mama
keine Zeit für ihn.

Leo mag es nicht, wenn
Mama Emma badet.
Er möchte lieber, dass
Mama mit ihm spielt.

BABY

Und er mag es nicht, wenn Baby Emma eine frische Windel braucht. Auch dann hat Mama keine Zeit für Leo.

Leo möchte Emma
nicht mehr sehen.

»Stört dich Emma?«, fragt Mama.
»Hast du sie deshalb
hinter das Sofa geschoben?«

»Emma schreit so viel«,
sagt Leo.

»Und du musst sie stillen
und wickeln und baden.
Ich finde das doof.«

»Ja, manchmal ist Emma anstrengend. Sie ist noch so klein. Ich bin Gott von Herzen dankbar, dass er uns Emma geschenkt hat – aber ich bin auch oft müde, weil ich so viel mit ihr zu tun habe«, seufzt Mama.

»Ich hätte so gerne jemanden, der mir mit Emma hilft. Dann wäre ich sehr froh.«

Leo überlegt.
»Ich bin viel größer als Emma.
Ich könnte dein Helfer sein.«

»Ja?« Mama lächelt.
»Das wäre wunderbar.«

Wenn Emma gebadet wird,
wartet Leo schon mit dem
Handtuch.

Wenn Emma gewickelt wird,
trägt Leo die volle Windel
zum Mülleimer.

ACH,
EMM

Und wenn Emma gestillt wird,
erzählt Leo Mama Geschichten,
damit ihr nicht langweilig wird.

»Du bist der beste
Helfer, den man sich
vorstellen kann«,
sagt Mama.
»Vielen Dank!«

Und während Emma
ihren Mittagsschlaf
macht, spielen Mama
und Leo zusammen.

Als Emma ausgeschlafen hat, darf sie ein bisschen mitspielen. Sie quietscht vor Freude. Da muss Leo lachen.

»Vielleicht ist es ja doch nicht so doof, dass Emma hier ist«, denkt er.

»Mama und ich, wir schaffen das schon.«

Die Liebe ist langmütig, ist gütig; die Liebe neidet nicht …

1. Korinther 13,4

Weitere Bände
der Leo-Reihe
erscheinen
nach und nach

Weitere Kinderbücher von Sabine Kähler

Der Hühnerzirkus

Taschenbuch, 80 Seiten
Artikel-Nr. 256461

Der Hühnerboss

Taschenbuch, 96 Seiten
Artikel-Nr. 256466

Der Hühnerausflug

Taschenbuch, 112 Seiten
Artikel-Nr. 256467

Das Hühner-Weichei

Taschenbuch, 104 Seiten
Artikel-Nr. 256469

Die Hühneroma

Taschenbuch, 96 Seiten
Artikel-Nr. 256427